BEI GRIN MACHT SICH IHR WISSEN BEZAHLT

- Wir veröffentlichen Ihre Hausarbeit, Bachelor- und Masterarbeit

- Ihr eigenes eBook und Buch - weltweit in allen wichtigen Shops

- Verdienen Sie an jedem Verkauf

Jetzt bei www.GRIN.com hochladen und kostenlos publizieren

Silvia Schilling

Interpretation der ersten Szene aus Kafka's "Der Proceß"

GRIN Verlag

Bibliografische Information der Deutschen Nationalbibliothek:

Die Deutsche Bibliothek verzeichnet diese Publikation in der Deutschen National-
bibliografie; detaillierte bibliografische Daten sind im Internet über http://dnb.d-
nb.de/ abrufbar.

Impressum:

Copyright © 2012 GRIN Verlag GmbH
Druck und Bindung: Books on Demand GmbH, Norderstedt Germany
ISBN: 978-3-656-47276-6

Dieses Buch bei GRIN:

http://www.grin.com/de/e-book/230860/interpretation-der-ersten-szene-aus-kafka-
s-der-process

GRIN - Your knowledge has value

Der GRIN Verlag publiziert seit 1998 wissenschaftliche Arbeiten von Studenten, Hochschullehrern und anderen Akademikern als eBook und gedrucktes Buch. Die Verlagswebsite www.grin.com ist die ideale Plattform zur Veröffentlichung von Hausarbeiten, Abschlussarbeiten, wissenschaftlichen Aufsätzen, Dissertationen und Fachbüchern.

Besuchen Sie uns im Internet:

http://www.grin.com/

http://www.facebook.com/grincom

http://www.twitter.com/grin_com

Kafka, Der Proceß: Interpretationsaufsatz zur ersten Szene „Verhaftung"

Übertritt man Grenzen im strafrechtlichen Bereich, so kann die Schuld anhand der Gesetze klar definiert und die angemessene Konsequenz gezogen werden. Ein ethisches Verschulden zu erkennen gestaltet sich um Einiges schwieriger, da das Maß hierfür – das eigene Gewissen und die gesellschaftlichen Normen – nicht niedergeschrieben ist. Je nach Ausprägung des moralischen Bewusstseins, mag man sich einer Schuld gar nicht bewusst sein, ein diffuses und nicht klar greifbares Schuldgefühl mit sich herumtragen oder sich eine Schuld vielleicht nicht eingestehen wollen.

Der Umgang mit persönlicher Schuld, Verantwortung und dem eigenen Gewissen beschreibt die zentrale Thematik des Romanfragments „Der Proceß", das 1914 von Franz Kafka geschrieben und 1925 nach seinem Tod veröffentlicht wurde.

Zu Beginn des Romans wird der Protagonist Josef K. am Morgen seines dreißigsten Geburtstages überraschend in der Pension von Frau Grubach, in welcher er ein Zimmer mietet, von zwei Wächtern aufgesucht. Von der Anwesenheit der zwei Wächter erfährt Josef K., als er nach der Köchin von Frau Grubach läutet, die ihm normalerweise das Frühstück bringt, und statt ihrer ein Wächter im Zimmer erscheint. Die beiden Wächter und ein später hinzukommender Aufseher teilen K. mit, dass er verhaftet ist und ein Prozess gegen ihn stattfinden wird. Keiner kann K. sagen, welche Schuld ihm überhaupt vorgeworfen wird, doch K. besteht sofort auf seine Unschuld. Dies erscheint paradox, da deutlich wird, dass die Wächter keine gewöhnlichen Gerichtsbeamten sind, und nach Gesetzen handeln, die K. nicht kennt. Auch die genannte Verhaftung ist keine gewöhnliche. K. wird nicht abgeführt und in ein Gefängnis gebracht, sondern soll sich in seiner Arbeit und seiner gewohnten Lebensweise nicht gestört fühlen. Aufgrund dessen und aufgrund der Tatsache, dass sich K. keiner Schuld bewusst ist, nimmt er den Vorfall nicht sonderlich ernst und macht sich am Ende des Kapitels mit drei Bankangestellten, die der Aufseher in die Wohnung bestellt hatte, auf den Weg zur Bank, in der er Prokurist ist.

„Jemand mußte Josef K. verleumdet haben, denn ohne daß er etwas Böses getan hätte, wurde er eines Morgens verhaftet." (S.7, Fischer) lautet der Initialsatz des Romans. Auffällig ist, dass der Satz einen Ausblick auf das Geschehen gibt, was in diesem ansonsten linear geschriebenen Roman in solcher Deutlichkeit nur an dieser Stelle vorkommt. Zudem ist der Satz teilweise im Konjunktiv geschrieben. Dem Leser wird die Handlung in Form eines personalen Erzählers beschrieben, doch er ist von Anfang an auf die Sicht K.s beschränkt. „Jemand mußte Josef K. verleumdet haben" (S.7) ist die einzige Erklärung, die K. für seine Verhaftung zulässt. Dies ist seine Vermutung, alle anderen Möglichkeiten schließt er sofort aus bzw. lässt er gar nicht erst zu. Der Satzteil „ohne daß er etwas Böses getan hätte" (S.7) lässt den Leser durch den verwendeten Konjunktiv „hätte" sofort an der Wahrheit dieser Aussage zweifeln. Das Einzige, was als wirklich sicher erscheint, ist die Tatsache, dass K. eines Morgens verhaftet wird – die Hintergründe bleiben unklar.

An diesem Morgen wartet K. vergeblich auf die Köchin seiner Vermieterin Frau Grubach, die ihm sonst immer „gegen acht Uhr früh das Frühstück [bringt]" (S.7). Als K. schließlich nach ihr läutet, tritt ein fremder Mann in K.s Zimmer, der sich später als Wächter herausstellt. Das Gericht, das wohl die Wächter in die Wohnung Frau Grubachs schickte, stört also sofort K.s Tagesroutine und dringt tief in seine Privatsphäre ein. Als der Wächter sich mit jemandem im Nebenzimmer über K.s Wunsch nach seinem Frühstück lustig macht, „sprang [K.] aus dem Bett und zog rasch seine Hosen an." (S.7). Er hat die Fremden in keinster Weise erwartet und weiß nicht, wer sie sind, doch er fängt schon an, sich dem Wächter zu erklären, als er sagt: „Ich will doch sehen, was für Leute im Nebenzimmer sind [...]" (S.7). Gleich danach fällt ihm ein, dass er das nicht hätte laut sagen müssen, aber nun, da er dies getan hat, hat er unwillentlich „gewissermaßen ein Beaufsichtigungsrecht" (S.7) der Wächter anerkannt. Sobald das Gericht in K.s Wohnung in Form der Wächter auftaucht, sagt K. Dinge, von denen er nicht wirklich weiß, wieso er sie sagt, und fühlt sich beengt. So macht er auch „eine Bewegung als reiße er sich von den zwei Männern los, die aber weit von ihm entfernt standen." (S.8). Als K. zu Frau Grubach möchte, steht der zweite Wächter, der sich die gesamte Zeit im Nebenzimmer befand, auf und sagt: „Nein [...] Sie dürfen nicht weggehen, Sie sind ja verhaftet." (S.8), womit K. wenigstens der Umstand der Präsenz der beiden Männer erklärt wird. Anstatt sich sofort zu wehren, stimmt K. dem Wächter zu („Es sieht so aus", S.8) und fragt erst dann: „Und warum denn?" (S.8). Die Wächter können ihm darauf jedoch keine Antwort geben. Dem Leser erscheint die Verhaftung und somit auch die Behörde, die hinter der Verhaftung steht, von Anfang an sehr suspekt, da K. quasi aus dem Bett heraus verhaftet wird und dann noch nicht einmal einen Grund dafür genannt bekommt. Das Gericht rückt Josef K. in Form der Wächter buchstäblich auf den Leib: Die Wächter klopfen „ihm öfters auf die Schulter" (S.8), prüfen sein Nachthemd und stoßen ihn immer wieder mit dem Bauch an (vgl. S.9). Die Wächter sehen nicht nur grotesk aus („ein zu diesem dicken Körper gar nicht passendes trockenes, knochiges Gesicht!", S.9), sie verhalten sich auch sehr merkwürdig. Sie wollen z.B. K.s Wäsche für ihn aufbewahren und verzehren K.s Frühstück, womit sie sein Eigentumsrecht verletzen.

K. ist sich nicht sicher, was er von der ganzen Situation halten soll. Er stellt die meisten Fragen, die er hat, nur gedanklich („Was waren das für Menschen?", S.9), was dem Leser in erlebter Rede dargestellt wird. Dieses Verhalten ist bezeichnend für K.s Verhalten während des gesamten Prozesses: Er stellt Fragen, die er aber meistens nicht ausspricht, und wehrt sich nur in Gedanken. Er ist also gedanklich aktiv, aber in seinen Handlungen passiv. Dies tut er an dieser Stelle, indem er „eilig" (S.10) in sein Zimmer verschwindet, anstatt die Wächter auszufragen oder sie mit seiner Vermutung zu konfrontieren, dass der ganze Vorfall nur ein Spaß zu seinem Geburtstag sein könnte. Eine aktive Handlung K.s ist jedoch, dass er seine Legitimationspapiere holt und verlangt, die Papiere der Wächter zu sehen, doch darauf lassen sich diese nicht ein. Die Wächter erklären K., dass sie nur „niedrige Angestellte" (S.11) sind, ihm aber versichern können, dass „die hohen Behörden" (S.11) schon ihre Gründe für K.s Verhaftung haben würden. Hier und auch im weiteren Verlauf des Romans bleibt K. im Dunkeln darüber, wer „die hohen Behörden" (S.11) sein sollen und wer sich an der Spitze der Hierarchie des Gerichtes befindet. Die Wächter erzählen K., dass das Gericht „von der Schuld angezogen" (S.11) werde: „Das ist Gesetz." (S.11). K. gibt zu, dieses Gesetz nicht zu kennen, woraufhin die Wächter die Paradoxität des gesamten Romans benennen: „[E]r gibt zu, er kenn das Gesetz nicht, und behauptet gleichzeitig, schuldlos zu sein" (S.11).

K. lässt sich zwar teilweise von den Wächtern beeinflussen, denkt aber gleichzeitig, er sei den Wächtern überlegen. In Gedanken wird er sehr überheblich und bezeichnet ihr Reden als „Geschwätz [...] niedrigste[r] Organe" (S.11) und „Dummheit" (S.11). Kurz danach beugt er sich jedoch wieder dem Rat des Wächters, wieder in sein Zimmer zu gehen. Er überlegt sich zwar, einen Fluchtversuch zu starten, hat aber Angst, seine Überlegenheit zu verlieren, falls die Wächter ihn aufhalten würden. Sein Gedankengang ist hierbei, dass er, wenn er nicht versucht zu fliehen, dies selbst so entschieden hat, und deshalb den Wächtern nicht so viel Macht über sich gibt, während ein gescheiterter Fluchtversuch eine unleugbare Erniedrigung für K. darstellen würde. Auch der Tatsache, dass K. so wenige Fragen stellt, könnte die Angst vor dem Verlust seiner Überlegenheit zu Grunde liegen. K. scheint sich bedeutend mehr mit der möglichen Wirkung seines Verhaltens zu beschäftigen, als damit, Antworten zu bekommen.

K. geht also in sein Zimmer und nimmt sich „vom Waschtisch einen schönen Apfel" (S.12), da die Wächter sein normales Frühstück gegessen haben. Hier könnte der Leser, der durch den Initialsatz schon misstrauisch in Bezug auf K.s Unschuld geworden ist, einen Hinweis auf die mögliche Existenz einer Schuld entdecken: Der Waschtisch könnte für den Wunsch K.s stehen, sich von etwas reinzuwaschen und der Apfel lässt sich mit der Geschichte des Sündenfalls des Menschen in Verbindung bringen. Auch das Paradoxon, dass K. seine Schuld für ausgeschlossen hält, obwohl er nicht weiß, was man ihm vorwirft, macht den Leser misstrauisch, da es scheint, als ob er einfach generell alle Schuld von sich weist, ohne darüber nachdenken zu wollen.

Als K. in seinem Zimmer wartet, wird sehr deutlich, dass er einerseits denkt, ihm könne eigentlich nichts passieren und er sich selbst als „zuversichtlich" (S.12) empfindet, im Unterbewusstsein aber doch besorgt ist. Einen kurzen Moment lang denkt er daran, sich umzubringen, fragt sich dann aber wieder „aus seinem Gedankengang" (S.13), also seinem kontrollierten Bewusstsein, „was für einen Grund er haben könnte, es zu tun" (S.13). Welchen Grund könnte er zu solchen Gedanken haben, außer dem, dass er einen schlechten Ausgang des Prozesses fürchtet? Falls er solch eine Befürchtung hat, so ist sie ihm nicht bewusst, woraus man schließen könnte, dass ihm auch eine mögliche Schuld vielleicht nicht bewusst ist. K. trinkt zwei Gläser Schnaps, um „sich Mut zu machen" (S.13) und erschreckt sich so sehr über den Ruf der Wächter, „daß er mit den Zähnen ans Glas schlug." (S.13) – wieder ein möglicher Hinweis darauf, dass ihn der Vorfall weit mehr beunruhigt, als er sich einreden möchte. Durch den Ruf der Wächter erfährt K., dass der Gerichtsaufseher eingetroffen ist, doch bevor er zu ihm darf, muss er sich einen schwarzen Rock anziehen. Auf diesen Befehl der Wächter erwidert K.: „Es ist doch noch nicht die Hauptverhandlung." (S.14). Hier wird darauf hingedeutet, dass es möglicherweise eine Hauptverhandlung, also auch ein wirkliches Prozessverfahren, geben wird. Als K. nun vor den Aufseher tritt, befinden sich in dem Zimmer drei Vertreter des Gerichtes und drei junge Leute, die sich später als Bankangestellte der Bank, in der K. arbeitet, herausstellen. Zudem wird das Geschehen von drei Nachbarn aus dem Fenster des gegenüberliegenden Hauses mitangesehen. K. ist somit eindeutig in der Unterzahl, scheint in die Enge getrieben und in allem beobachtet, was er sagt und tut.

K. hatte gehofft, die gesamte Angelegenheit mit dem Aufseher klären und aus der Welt schaffen zu können, doch dieser kann ihm genau wie die beiden Wächter keine Antworten auf seine Fragen geben. Im Gegenteil, der Aufseher belehrt K. wie ein Schulkind und mahnt ihn, dass der „Lärm" (S.16), den K. um sein „Gefühl der Unschuld" (S.16) mache, seinen „nicht gerade schlechten Eindruck" (S.16) eher störe. Durch diese Aussage scheint es, als sei das Gericht von der Schuld K.s überzeugt und der Versuch einer Verteidigung, die die Gerichtsbeamten für unwahr halten würden, würde diesen Eindruck nur noch bestätigen. Das deutet auf die Aussichtslosigkeit von K.s Situation hin, die sich später im Roman bestätigt. Die nun entstehende Situation erscheint sehr kafkaesk. K. will einen guten Freund, den Staatsanwalt Hasterer, anrufen, um rechtlichen Beistand zu bekommen. Der Aufseher stellt ihm dies frei, erwähnt jedoch, dass er darin keinen Sinn sähe, woraufhin K. ärgerlich und aus Trotz plötzlich von seinem Vorhaben ablässt. Diese Situation erscheint sehr paradox und zeigt ansatzweise die unheimliche Macht, die das Gericht im Laufe der Zeit noch über K. gewinnt.

K. versucht nach diesem Vorfall einen friedlichen Abschluss für das Geschehen zu finden und hält dem Aufseher die Hand hin, mit dem Vorschlag über das „Vorgehen nicht mehr nachzudenken" (S.17). Dieses Schwanken der Gemüter K.s – vom trotzigen Ausruf zum Friedensangebot – zeigt erneut, dass K. seit Ankunft des Gerichtes nicht mehr ganz sein eigener Herr zu sein scheint. Der Aufseher lehnt K.s Angebot ab, erklärt ihm aber, die Verhaftung solle K. weder an seiner Arbeit noch seiner üblichen Lebensweise hindern (vgl. S. 18). Die Verhaftung ist eher im wortwörtlichen Sinne gemeint: Während des Verlaufs des Romans „haftet" K. an seinem Prozess, er lässt sich immer mehr darauf ein und kommt vor allem gedanklich nicht mehr davon los. Der Einfluss, den das Gericht auf K. hat, wird noch einmal deutlich, als der Aufseher K. darauf hinweist, dass sich inzwischen auch drei Bankangestellte in Frau Grubachs Wohnung befinden. K.s Bewusstsein und Wahrnehmung scheinen durch die Anwesenheit der Gerichtsvertreter getrübt, denn erst jetzt erkennt er die drei ihm bekannten Personen. Später bemerkt K. auch nicht, dass der Aufseher und die Wächter gehen. Dem Leser wird so deutlich vor Augen geführt, dass er ausschließlich auf die Perspektive K.s beschränkt ist. Somit ist der Leser komplett von K.s Wahrnehmung abhängig – wie die Realität wirklich aussieht und welches der Geschehnisse vielleicht gar nicht real ist, weiß man nicht.

Die Anwesenheit der Bankangestellten bewirkt auch, dass das Gericht wirklich alle Bereiche von K.s Leben erfasst, auch seine Arbeit. Als K. sich am Ende des Kapitels mit den drei Bankangestellten auf Weg zur Bank macht, fühlt er sich immer noch beobachtet. Das Gericht ist schon jetzt in seinen Gedanken und in seinem Leben allgegenwärtig.

Die seltsame Vorgehensweise des Gerichts, das groteske Verhalten der Wächter und die Tatsache, dass sie von Gesetzen sprechen, mit denen K. nicht vertraut ist, führen zu dem Schluss, dass das Gericht kein uns bekanntes Gericht ist, welches strafrechtliche Vergehen verfolgt. Daraus folgt, dass ein Verschulden K.s – falls ein solches existiert – ein Verschulden aus moralischer oder ethischer Perspektive sein muss. K.s Leugnen jeglicher Schuld bei gleichzeitiger Beeinflussbarkeit durch das Gericht in seiner Sprache und seinem Handeln könnten damit zu erklären sein, dass er sich seiner Schuld nicht bewusst ist, aber ein – wie in der Einleitung beschriebenes – diffuses Schuldgefühl hat, welches er nicht als solches anerkennt. Seine Aussage, er kenne das Gesetz nicht, könnte man in diesem Zusammenhang als fehlendes oder mangelhaftes moralisches Bewusstsein deuten.
Ob dies so ist, oder ob K. tatsächlich keinerlei Schuld trifft, erfährt der Leser weder im ersten Kapitel noch im weiteren Handlungsverlauf. K.s Schuld kann durch Aussagen und Taten vermutet werden, bleibt letztendlich aber immer in der Schwebe.